AF218214

Amarilla

Amarilla

Marta Sanz

La Bella Varsovia

ANAGRAMA

Primera edición: septiembre de 2025

© De los poemas, Marta Sanz
© De la ilustración de cubierta, Román Linacero
© De esta edición, La Bella Varsovia
Editorial Anagrama, S. A. U.
Pau Claris, 172
08037 – Barcelona
http://www.labellavarsovia.com

Corrección:
Júlia Sala Reyes

Diseño de cubierta y maquetación:
Sergi Gòdia

Impresión y encuadernación:
Liberdúplex

ISBN: 978-84-339477-2-7
Depósito legal: B. 8288-2025

Printed in Spain

Amarilla

ME SUMERJO EN LA PERFECCIÓN DE COPO
[DE NIEVE DE
párrafo
frase
palabra

cristalización.

Podría ser otra,
pero, hoy, dentro del invernadero,
la máscara de los cristales,
dentro de la palabra,
me acurruco contra
el fuera y la intemperie.

El dentro es más oscuro.

Me encierro en esta perfección
—amatista, diamante, esmeraldita de plástico—
y acallo al monstruo.

Le echo de comer.
Ortigas
y paparajotes.

SOY TAN FELIZ QUE SIENTO
mi vida como pompa
de jabón
que se puede romper
al menor roce.

Sufro
por la pérdida segura
de mis bienes materiales.

Porque tengo tanto, tanto,
que la pérdida sería usurpación.
Una hondonada.

La lava del volcán erosiona la tierra,
la hiere
e imprime en el paisaje
una profundidad azul
de agua
que da miedo.

Luego están los que pasan hambre y se te quedan
[mirando.

Las que sufrimos, quizá más de la cuenta
—concededme el beneficio de esta duda—,
siempre suscitamos
mucha desconfianza.

Caemos mal.

Dentro del rosa de la flor
habitan tierra y gris ceniza,
las petrificaciones.
En la jugosidad del pétalo
está la hez.

Dentro del rosa de la flor
destella
una quemadura.

Después de la tierra o la ceniza,
el rosa de esa flor
nunca regresa.

Sin embargo,
esta lírica obviedad
no es preocupante.

Lo que me angustia
es
el sufrimiento
que experimenta la flor,
el ahogo de la flor,
el mientras tanto
de su metamorfosis.

TOCO CON LAS YEMAS DE LOS DEDOS
y las yemas son receptores de señales,
bigotes de gata calicó, antenas de hormiga.

Toco
muy
superficialmente
queriendo olvidar que sé leer.

Como si el cuerpo fuese
un ideograma inhóspito
y la piel de las yemas de los dedos
hubiera perdido la destreza
de conocer y grabar.

Evito la palpación.

Con la trémula caricia
de la piel
de las yemas de los dedos
es
más
que suficiente.

El dedo aleve,
que halla porque busca,
siente el embrión tan deseado.

También la hernia.
O el tumor.

El tumor
es un miedo
que, por fin,
se hizo maraña.

MIENTRAS TANTO,
mueren las ancianas y las niñas en Gaza,
mueren los hombres y la mujer que prepara el
[cordero.
Mueren las piedras.
Corre el rumor de la justa ira
y de una guerra mundial
enquistada
en el corazón de Europa.

Y tú no sabes
si toda esta desgracia minimiza la tuya,
te hace más fuerte,
te produce vergüenza,
agranda la dimensión
de una herida imaginaria
que, poco a poco,
se abulta,
segrega infecciones,
se perfila
contra
tu cuerpo
no
exactamente
tumefacto.

CONSOLACIÓN DE LA MUERTE

Drones rusos sobrevuelan el espacio aéreo
                              [rumano,
cientos de mujeres son asesinadas cada día,
los pingüinos, las focas y los osos polares
        [aguardan la muerte sobre una plataforma
                              [helada.
Los niños cosen balones y las niñas chupan.

El presidente de los Estados Unidos de América
celebra su victoria con mandatarios de una
                          [ultraderecha universal;
los ingenieros jefe le piden perdón por los
                          [errores cometidos:
Elsa de *Frozen* se convirtió en icono lésbico
y las familias andan desbaratadas
                              [preguntándose
por el sexo del ángel y la hija.

El alto el fuego en Gaza supone la aniquilación
      [de cuatrocientos seres humanos en menos
                          [de veinticuatro horas.

Hay hambruna.

La población de este país se hace vieja a un
                [ritmo uniformemente acelerado.

Quizá sea mucho mejor no estar aquí
para no verlo.

Esto es poesía.
Consolación de la muerte.

¿Tenemos derecho a compartir la acrimonia,
la hez,
la grieta,
contra un punto
muy específico
del globo terráqueo?

El misil geoestratégico desgarra la tripa concreta
                              [de un niño palestino.

La acrimonia nos llega
al lanzar
el ojo a lo lejos;
también acunando
a la acrimonia y al ojo
como hijo
que vuelve a la barriga.

¿Tenemos derecho
a la exhibición de lo oscuro
más allá del límite de piel,
a un lado y otro,
fisiología e historia,
la mácula del poema?

La obscenidad es pensamiento hacia la luz.
El sol de arpías, gárgolas y brujas.
El aparato con el que un médico descubre
la cueva del oído.

El origen del asesinato en masa.
La herida abierta.

Aunque tenemos derecho a darnos mucha
[pena,
anticipar el duelo,
acostumbrarse,
poner la venda antes de la floración de la herida,
es un modo sutil de asesinato.

Porque el cuerpo querido aún
bebe el agua,
come el pan,
se asea,
sonríe —aunque no mucho—,
eructa y se sostiene
aferrado al hilo
de su propio calor.

El cuerpo no es la forma
a contraluz que se deshace,
volviendo al polvo,
entre partículas
de polvo.

Algo duele y algo
nos produce
pequeñas alegrías gastrocólicas,
parpadeos felices.

Nos apenamos por la ausencia
venidera

sin percibir hoy
esta luz
aguda,
valiosa
y propia de la vida.

Luz natural y luz de quirófano.

Anticipar el duelo quizá sea una costumbre
más sádica
que arrancarle lentamente
las alas a la mosca.

Nada es después.
Todo es aquí.

ESTÁS MALO
y yo te robo los bolígrafos.

Te descoloco las cosas.

Te obligo a concentrarte
en el caos concreto.

En la falta de previsibilidad.
De pulcritud.

No te permito que pierdas
la vista
en un punto
que no se parece en nada al horizonte.

Tiro de ti
para que el punto
no te absorba.

Te robo los bolígrafos.

EN LA PLAZA CENTRAL DE NEW HAVEN
vimos brillar
un árbol amarillo.
El amarillo del árbol
era la expresión
más pura
del color de silvestre campanilla.

De la enfermedad hepática.

Recordamos ese borrón amarillo contra el cielo,
y nos preguntamos por qué
estas impresiones memorables
suelen ocurrir siempre en New Haven.

En Memphis.
En Houston.
En Los Ángeles.

En la plaza central de New Haven
vimos brillar
un árbol amarillo.

UNA MUJER MUY TRISTE SE MAQUILLA FRENTE
[AL ESPEJO.
En la reconstrucción de sus rasgos,
en el trazo oscuro del lápiz sobre la línea
del párpado superior,
en el dibujo de cada pestaña,
intenta devolver
la consistencia y la luz
a un ojo
desvaído.

Una mujer muy triste,
frente al espejo.

A VECES BAJO LA MIRADA,
te la escondo.

Ni torva ni mezquina,
no te hurto
mis secretos
ni mis esmeraldas.

A veces, no te doy
y escapo.

Quizá no quiero que sepas
que estoy triste.

No quiero mostrarte mi pobreza.
No quiero insultarte.

Ni que me conozcas.

LLEGA UN MOMENTO DE LA VIDA
en que no sabes
cómo protegerte del frío
que llevas sembrado en el hueso,
ni del calor,
que siempre agosta
y se bebe toda el agua.
No sabes.

DE REPENTE,
te das cuenta de que, si todo va bien,
vas a ser vieja durante cuarenta años.

No hablo de la mano transformada
en amasijo artrópodo,
sarmiento y nudo
de venas marrones.

No, no es eso de la mano,
sino que ya no reconoces lo que dices,
ni la vocecita que te queda en el hilo de voz,
y desconfías de los bordes de la luz
y los ángulos de casa,
los perfiles que confieren a la sombra,
un, dos, tres,
un significado.

Has dejado de entender
el ladrido de un perro en el patio de luces,
o el tic y el tac de los relojes de cuco.
O de pulsera.

De repente, te das cuenta de que, si todo va bien,
eso.

HAY UN FRÍO QUE TE SALE DE DENTRO
y te pone
la carne de gallina.

Cuando sea vieja,
salvadme de los rigores
de la temperatura.
No me obliguéis a gritar por falta de abrigo.

La rebeca de lana siempre bien abrochadita.

No hablo en clave metafórica. No hay jerga.
No me dejéis morir con la sonrisa alucinante
que adorna
el rostro mineral
de la congelación.

SOLO QUIERO DINERO
para procurarme calor,
y no hablo de ese calor humano
que no se podría comprar,
o se compra cada día
en los prostíbulos
y en las agencias de cuidados a nuestros
                                    [mayores.

Yo hablo del calor
exacto de la estufa.

Porque me conformaría con el agua que mana
                              [escueta del grifo.
El agua sin litines ni rajita de limón.

Porque de sobra sé que muchas sobreviven
a fuerza de hincar
la uña y el diente
para adquirir una luz
que podría fundirse
con el primer atisbo de crisis energética.

Por el simple calor de la estufa,
por el calor nada metafórico de las calefacciones,
yo prescindiría
de la cococha oceánica y de sus aditamentos.

Hacerse vieja significa
dejar de comprender
que alguien puede entrar en tu casa
y ver la mierda que tú ya no percibes
y sentir los olores a los que te has acostumbrado.

Aclimatarse,
muy gozosamente,
a la pérdida progresiva
de los cinco sentidos.

SE ME PERDIÓ UN POEMA
en mitad de la calle.

Tuve una visión instantánea y certerísima.
En el lacrimal, alfiler.

Horas más tarde,
no pude recordarlo.

Es mentira que olvidemos
solo las palabras
que no merecen la pena.

En qué punto se funden
el olor a berenjena
y a humo de cigarro.

En la sofisticada percepción
de la vida
reside el lenguaje.

La vida siempre es sofisticada,
aunque hay naturalezas
que ya
no saben decir.

PERSISTENCIA SILVESTRE
de la retama amarilla
frente al efímero rojo
de las amapolas.

Tamaña
declaración de la tierra
debería hacer brotar
no sé si la esperanza,
pero sí un pensamiento
que no es flor.

Cuando te atrapa la sombra,
no merece la pena pensar en nada.
Ni bueno ni malo.

La sombra es omnipotente.
Solo
sombra y sombra.
Solo la sombra es importante.

HAY DÍAS DE EMANACIÓN ABSOLUTA DE LA LUZ.
Irradio luz.
Soy una bombilla incandescente de un millón de
[vatios.
Doy calambre y soy pura energía.

Entonces, toda esa luz se contrae,
se hace compacta,
me electrocuta.

Ojalá.

En realidad, la luz
siempre es
un hilo.

Muy tenue.

INDAGAMOS EN LAS RAÍCES REALES DEL DOLOR.
Perfectamente.

No existen
ni el dolor pequeño ni el dolor grande.
Existe el dolor.

Hay dolores que no nacen
de una semilla
ni se abonan
ni se plantan en un surco.

Pero buscamos
definir
desde la punta originaria
las causas del dolor.

Recorremos con la uña
las terminaciones nerviosas.
Una a una.
Raíces, causas, cantidades.
Razones de las razones.

No nos queda más salida
que entablar
esta conversación.

EL PSIQUIATRA ME LLEVA DE LA MANO POR
  [LA COLORATURA DE MIS SINAPSIS CEREBRALES.

Me concede el poder
cuando descubre
maravilla y crueldad
de diferencias y abismos.

Veo en las palabras un tacto indetectable
para otros seres pequeños.

Veo,
en la palabra,
el carbunclo.

Carbunclo y carbunclo.
Mineral y nombre.
Su existencia simultánea.

Leo las tripas de un ruiseñor
sacrificado
por el ansia de saber.
Y por las supersticiones.

El psiquiatra, que le robo a los psicóticos
y a esas que escuchan voces
dentro del lavavajillas
—no somos tan disímiles—,

me dice que tengo
que seguir cantando.

Yo, con la vena gorda, entono
do, re, mi, fa, sol, la.

Nos salen de la cabeza flores de patata,
verdes y amarillas ramas vegetales,
asoman las serpientes de Medusa
y el tentáculo del pulpo
tan sentimental.

Un sentido imaginario
de pelos eléctricos
nos conecta a la vida
y la vida escuece como un desinfectante
especialmente cruel.

Quizá nuestros receptores
han sido entrenados
para percibir lo negro
y ennegrecemos el mundo
con nuestros venenitos,
o lo negro es tan riguroso
que nos gasta la fuerza
y nos debilita.

No sabemos si la hipersensibilidad
desencadena
nuestra mutación en orates
y enfermas medicadas,
o quizá la hipocondría
es la que nos vuelve
tan, tan picajosas.

Nada sabemos
mientras sufrimos de insomnio
y nos salen
de las rendijas del cráneo
flores de patata,
chistes oscuros,
asfódelos, boliches, macarrones,
y el tentáculo del pulpo
tan sentimental.

ES NECESARIO INMUNIZARSE CONTRA EL CHILLIDO
del pájaro que cae del nido en verano y se queda, horas y horas, piando en el alcorque hasta quemarse del todo.

Es necesario inmunizarse porque Madrid se llena de chillidos en verano y detrás del primer chillido se detecta otro y unos pasos más allá otro y luego la sospecha de la tierna muerte se hace realidad en el cuerpo, concreto y despanzurrado, de un pajarito contra el asfalto o la tierra.

Para sobrevivir es necesario perder el oído.

Quedarse sorda.

Sentirse
muy mala gente.

EL PSIQUIATRA —QUE ES EL MÍO—
me pregunta cómo definiría
pictóricamente
el asalto,
tal vez el advenimiento,
de mi flujo melancólico.

(Somos gente preparada
y con gusto
por la interdisciplinariedad de las artes.)

Yo me bloqueo
un poco más de la cuenta
y recurro a la pena oscura y el chafarrinón de
                                        [hollín.

El grito de Munch
me parece
demasiado estentóreo.
Y muy convencional.

Más tarde, en casa,
reparo en
que mi melancolía es
un golpe de amarillo.

Un redondel
de acrílica pintura
amarillo cadmio.

Amarillo dorado.
Amarillo limón.
Básico amarillo.

Quizá
una paloma
que ha perdido el lustre.

CUANDO CREES QUE HAS ESCAPADO DE LA UMBRÍA
y piensas:
cómo es posible,
de dónde llegó
una desolación de este tamaño,
cómo alguna vez
pude olvidarme del murmullo alegre
que alberga mi cuerpo,
cuál es el origen de este parásito que vive
sin pagar alquileres
en mi piel apartamento,
dame una gota, dos gotas, tres gotas,
un compuesto para aniquilar la araña
de debajo de la piel,
cómo es posible que no viese
esa luz que nos llega
de las ilusiones ópticas o del tacto particular,
del temor a herir a los que te quieren mucho...

Cuando crees que has escapado de la umbría,
la umbría vuelve
apelmazada, mohosa, empastada, húmeda.

Entonces te da miedo
haber perdido la cabeza del todo
y que haber perdido la cabeza del todo
sea estar en tus cabales
absolutamente.

ME SIENTO SEGURA JUSTO EN EL INSTANTE EN
　　　　[QUE SE DESENCADENA LA TORMENTA.

Porque solo hay tormenta en la tormenta
y la tormenta nos aísla
de todos los males del mundo.

Me acomodo en el interior de la tormenta.
Hago nido.

La tormenta es matriz
y protección circular
contra todas las cosas.

La suspensión del tiempo
en la humedad del caos.

Ensancho el pecho en maraña de esta tormenta.

Vuelan, más allá de mí,
las techumbres,
los muertos,
las palanganas.

TAMBIÉN ME EMOCIONAN LAS FLORES EN
                              [EL BÚCARO.
Siento una gran admiración
por las cosas muertas.

Por las floristas de arañadas manos
y por los tanatopractores.

LOS SERES QUE AMAS TE TRANSFIEREN
su acrimonia, su prisa, su olor
y, al percibir el hundimiento
de la carne de su carne,
disimulan calma, orgullo, alegría
para contribuir a tu supervivencia.

Y aunque ellos están
en su perfecto derecho
de regodearse en sus parásitos
o en esos deditos
que se vuelven huéspedes
con la edad
y con las corrientes de aire,
y aunque tú te avergüenzas
de tu fragilidad infecciosa,
hemos aprendido
a ponernos tristes
respetando el turno.

EL PRESENTIMIENTO DEL MAL
de quienes más amamos,
el mal celular, concreto,
me llega en forma
de bola de tristeza,
círculo amarillo,
angustia sin saber.

No sé reaccionar a este flujo
que me viene del fondo
incontenible,
amargo.

Un día me caigo,
me fallan las rodillas,
se reduce mi estatura frente al espejo cóncavo,
me subsumo, me arrugo, me deseco
dentro de mí misma,
patata terrosa, incomible,
y, entonces, en el cuerpo del ser que mucho
                                    [amamos
se desencadenan malévolos
procesos químicos.
Se sueltan puntos.

No es que el cuerpo del ser que mucho amamos
reaccione a mi tristeza,
sino que esta tristeza bola de cristal,
la mía,

ha barruntado
el mal celular concreto,
la delgadez de quien come.

El principio del fin
de la época dorada.

ANA RUIZ LE DIJO AYER A SU HIJA QUE LE TENÍA
                           [MIEDO A LA MUERTE,
porque ignoraba lo que iba a pasar después,
hasta qué punto el cuerpo sentiría las
                                      [transiciones
y cuánto podrías sufrir.

Las palabras de Ana guardaban
una difusa confianza en Dios,
a la que su hija no se podía aferrar:
ella no se había puesto el limpio uniforme
de un colegio de monjas.

Ana Ruiz estaba irritada y eléctrica,
insufrible,
era un cable pelado,
y aún vivía, como si fuese ayer,
la desaparición prematura
de su hermana Isa.

Ana Ruiz hace el muerto sobre las olas del mar,
sabiendo que la medusa acecha
y el tiburón mata.

Ana Ruiz ha perdido
la confianza toda:
la fuerza del esposo
ya no la protege.
De las adversidades.

De los ladrones y de los policías.
De los gamberros que aúllan por las noches.
De los indescifrables engaños
ocultos en las redes y hernias
de los teléfonos móviles.

Ahora es ella quien levanta
las bolsas de legumbres y las cajas de leche.
Con las rodillas temblonas
y los huesos
a punto de partirse
en los pedazos pequeños
y bien desmenuzados
del cuarto y mitad.

Ana Ruiz tiene miedo de que una banda de
                [delincuentes albanokosovares
la mate, entre en su casa, le dé un susto de
      [muerte, la sorprenda jugando al parchís.
«Te como
y me cuento veinte
y te vuelvo a comer.»

Ana está de un humor de perros,
Ana se abstrae, se queda dormida,
vuelve los ojos hacia muy dentro de sí.

Sin embargo,
se halla en estado de máxima alerta.
Por lo que pueda pasar.
Y por todo lo que sí.
Sí pasará.

Ana Ruiz le cuenta a su hija estas cosas
para que la ayude,
pero la hija no sabe encontrar soluciones,
quitar las manchas de vino, planchar las sábanas,
                              [salar el arroz.
La hija no es práctica, como mucho, amable,
y abraza a Ana Ruiz
como si fuese
criatura pequeña, pajarito.
Le susurra: «Pulgarcita, Pulgarcita».
Y tralarí. Por el bosque.
Tralarí y tralará.

A veces Ana Ruiz hace un puchero
que no es
infantil.

Ana Ruiz se desnuda,
y ríe
hasta morirse de risa
por la nueva calidad,
lampiña y muelle,
de su pubis materno.

Ana pide cosquillitas y un cuento para entrar en
                              [lo oscuro.
La hija le tiende la mano.

Y entran las dos,
como en el agua helada,
o en la parte más,
más umbría del bosque.

De lejos, parecen
la misma persona.

Son
dos mujeres
de la misma edad.

EN LA CAMA A-23 DE AGUDOS,
una mujer con cara de buena
se quita la vía de un tirón
y se caga encima
y se vuelve a cagar.

Al lado, una vieja pide:
«Señorita, señorita».
La médica le hace poner las palmas
hacia arriba y hacia abajo,
le pregunta por sus hijos y sus nietas mayores,
todas ya menopáusicas.
La vieja parece no acordarse de nadie
hasta que, por fin, responde:
«Sí, sí, yo tengo abuelos».

Una joven rubia, transparente,
aferrada a los brazos de su padre,
implora: «No te vayas, no te vayas»,
mientras el padre se suelta
primero dócil,
luego enfadado.

«No te vayas, no te vayas.»

Ya no puede hacer nada por la hija.
Tampoco por él.

La joven en los huesos,
devastadora y tan frágil,
no logra mantener erguida la cabeza,
capullito amarillo,
que cae por pudrición
del cuello-tallo.

El hombre de la ambulancia se despide:
«Cristina, cuídate».

También yo soy una hija con su padre
y escucho
el gemido
de su grieta,
el obsceno gemido de mi padre,
el que nunca se habría debido emitir,
todos los animales malheridos del mundo
en el aire que exhala
la laringe de mi padre,
mientras lo manipulan
y, para sanarlo,
le provocan dolor.

Llega un desarticulado cuerpo joven o quizá
[viejísimo,
que sin duda esta noche morirá.

Hundida frente, pómulo oblicuo.
Tanta sombra,
que es imposible mirarla,
aprehenderla,

darle un contorno,
saber qué es.

Viejas que se han caído de la cama.
Viejas que traen de los asilos desnudas en
                              [diciembre.
Viejas que piden con el gotero puesto:
«Chica, quiero un batido de chocolate.
Chica, quiero una habitación, una cremita.
Chica, ¿no ves que tengo frío?
¿Y dónde están mis muchachos?
¿Por qué no los dejáis entrar?».

Los ángeles del infierno también corren con
                              [sus madres a urgencias,
y un médico bellísimo luce en el reloj banderita
de España y escudo
del Real Madrid.

Un infartado le quita hierro a todo y hace
              [bromas sin parar de hablar con la e:
«Jacobé, dame el telefoné».
Cuánto pesará su miedo.
Y cuánto
su estolidez.

La laringe de mi padre exhala
interminablemente
animales heridos.

Las enfermeras sondan, pinchan, ejecutan
gasometrías insoportables, analíticas, lavados.

Llaman «cielo» a los pacientes.
Luego, pasan de largo entre las camas
                         [(«Señorita, señorita»)
cuando ya no pueden más.
Miran el móvil ocultas detrás de un tabique.
Se ponen los auriculares.
Apagan la luz.

EN LOS TIESTOS DE MI BALCÓN,
petunias jugosas
—y fosforescentes—,
también la promesa
de flor de jazmín.

Asocio mi posibilidad de tomar aire
con florecillas
que podrían haberse malogrado
y me pregunto
si conviene
depositar
confianza tan extrema
en esta vegetación
domesticada.

En el malogro fallido
—esa paradoja—,
y no tanto en lo pequeño
ni en el verdor que se abre paso
entre los adoquines,
nace
quizá
brizna
de luz.

EN LA LENGUA
no existe simetría, sino intranquilidad.

Diferencia entre dos oraciones:

Uno.
Las cosas más importantes son las que no
                    [tienen ninguna importancia.
Dos.
Las cosas que no tienen ninguna importancia
                    [son las más importantes.

Morirse, por ejemplo.

Permuto y conmuto. Sustituyo y desplazo.
                    [Deslizo y cruzo.
Miento y digo la verdad.

Quiero pensar
—y pensar no es lo mismo que creer—
que morirse es naturaleza.
No pasa nada.
Adiós.

Otra cosa es el dolor
que sentimos mientras tanto.
Ese sí convendría combatirlo
más allá de los juegos del lenguaje.

De cualquier metafísica, también.

MI CONTERTULIO EN LA RADIO ENUMERA
                    [DOS HIPÓTESIS:

Uno.
Las religiones nacen para aliviarnos del miedo a
                              [la muerte.
Dos.
El miedo a la muerte nace de las religiones.

Pienso que:
Las religiones son siempre palabras,
pero las palabras no son siempre religiones.

Pienso que:
No se puede discutir la muerte.
La muerte no deja de existir por las palabras.
Es lo único que no deja de existir por las
                              [palabras.
Porque se puede anular el amor y el anhídrido
                [carbónico y la mosca necrófaga.
Cultura y extinciones.
Naturaleza muerta.

Pienso que:
las palabras no abolen la muerte.
Pero sí su constancia de gota serena,
su miedo,
su neurosis.

Las palabras suturan y desdicen
la inexorabilidad del frío.
El mal reparto del mundo.
Y sus círculos concéntricos.

DE QUÉ LUZ HABLAMOS
cuando se escapa la luz,
se gasta,
hay que pagarla a precio de hígado infantil,
de qué luz hablamos
cuando se acaba la luz
de nuestros pequeños ojos
o profundos
como lagos de noche.

Hablamos de la luz azul
de los quirófanos,
de la luz total que incinera la célula
para restaurarla,
o de la disminuida luz
del quinqué,
la luz tibia
bajo la que una niña teje
su primera y última
colcha de ganchillo.

Hablamos de la luz
de un mediodía de agosto
o de la luz de un enero
ahogado por la lluvia.

Luz de la intemperie y la luz
del cuarto oscuro.

De qué luz hablamos
cuando hablamos
de la luz.

Siempre has mirado las líneas
de la palma de la mano
buscándole un sentido
a la cicatriz y la arruga.

La isla,
el triángulo escaleno
en el corazón
de la mismísima palma.

La senda perfilada de la vida
de pronto
cambia de rumbo,
se rompe,
zigzaguea,
como el hilo que atraviesa un cristal,
el parabrisas,
antes de que se rompa.

Nunca supiste a qué acontecimiento
se podría achacar
esa desorientación en el rumbo,
prevista
en tu programa genético.

Aventurabas desgracias
tras las que no se puede
levantar la cabeza,
erguir la columna

—remontar el vuelo, dicen—,
con el elástico sin sentir
de los girasoles.

No sabías qué.
Pero hoy
ocurre.

BELLEZA DE LAS PERCHAS PARA REGAR
                       [LOS CAMPOS.
Belleza del injerto y del esqueje.
Del abono y los planetarios cráteres
de la col romanesco.
Belleza.
Del suero anestésico.
Y de la nectarina.

En el reverso
de los preciosos campos de colza de Castilla,
crisoles de toda la luz del sol,
que expelen respiraciones y vatios,
esferas de una felicidad mucho más que
                                    [razonable,
borrón amarillo en los perfiles,
que entra por el ojo;
detrás de las flores de colza,
del aliento cromático de la naturaleza
—la naturaleza es
lección de aromaterapia y yoga facial—,
al otro lado de las flores de colza,
recargadas por baterías portátiles,
para el fluir no angustioso
de nuestras emociones,
ahí,
detrás,
en las juanramonianas manos amarillas de Dios,
en sus cultivos y, también,
en las floraciones espontáneas,
se esconde
el recuerdo turbio
de una garrafa de aceite
que se apila
contra una furgoneta
en el mercadillo.
Dentro de la flor, otra vez dentro,
oímos el calambre, elástico y crónico,

el dolor hecho escultura,
en los huesos y las fibras musculares,
de aquellas personas
que vivieron y aún viven
en los barrios pobres.

UNA YA NO SABE SI
la oscuridad
que viene de dentro
se expande hacia el mundo
—cuánta soberbia
y cuánta magia
en este pronóstico—,
o si la vibración de la guerra, el genocidio,
    Palestina,
Transnistria y el tic tac de los relojes metálicos
se nos meten en el ojo
como una mota
de turbio
veneno en suspensión.

NUESTRO CUERPO NO NOS PERTENECE,
pero es lo único que poseemos
a fin de cuentas.

NOTAMOS EL CUERPO COMO UNA POSESIÓN.
La ruina de la casa.
Somos la piel y su profundidad.
La periferia del brazo y del peroné.
Todo lo que quedará al aire
el día de la autopsia.

La obscenidad y el forro,
dado la vuelta,
de la panza y la garrita
de una cotorra.

LA BELLEZA,
que acaso no coincida con la felicidad,
es el esplendor
de un cuerpo
que solo dice estoy aquí
en las puntas extremas del placer.

El cuerpo es joven.

Hace sol.

DOLORES PEQUEÑOS.
Percepción de una superficie ácida.
Mi piel es acerico para clavar alfileres.

Dolores pequeños.
Bandada de pajaritos fritos
y roce del enjambre.

Moscas necrófagas liban mi jugo
anticipadamente.

Dolores pequeños.
Dolorcillos.
Diarios dolores.

UN, DOS, TRES, CUATRO,
inspira y...
cuatro, tres, dos, uno,
espira,
hazte consciente
de tu propia
respiración.

Dicen las voces.

Pero yo no quiero
regresar a mi célula
ni a mi pulmón pequeño.

Me resisto a
volver
a esta casa tan árida
que se resquebraja.

Querría
que las obligaciones del cuerpo
me fuesen
imperceptibles.

Micción, mierda,
el oxígeno
que tiñe de azul
mi pulmón pequeño.

En los sencillos tránsitos
de nuestra carne
podríamos
vivir al fin,
acceder
a lo que duele fuera.

Llegar al otro.

AYER DOS MUJERES SE SUICIDARON
                    [EN BARCELONA.
Iban a ser desahuciadas de casa.

Su cuerpo sin su casa carecía de sentido.
Como todos los cuerpos.
Incluso esos cuerpos que acotan un espacio
y cultivan un jardín
en el centro de la calle.

Me duele.
Me haces daño.
No puedo entender tus golpes.
Ni tu ensañamiento.

Dijeron las mujeres.

El golpe de intemperie
les mueve la mano que ejecuta
una violencia personal,
pegada al cuerpo.

El cuerpo y sus tristezas,
su imposibilidad,
generan cicatriz con la techumbre
y con todo lo que queda
entre cielo y tejados:
la sala de los juicios, las diputaciones, las comi-
sarias, los abrevaderos, los cuartitos de la asis-
tencia social, los establos, los papeles de perió-

dico, las sucursales bancarias, las plantas de
interior, el píxel y su putísima madre.

Todo en el queloide
y en la exacta percepción
de lo amarillo.

Luego,
la muerte de estas mujeres
también habitará nuestra casa
y madurará en nuestros pulmones.

Se volverá
contra nuestra alegría
a cualquier precio.

Ahí reside mi esperanza
en el género humano.

Ayer dos mujeres fueron asesinadas en
    Barcelona.

EL PÁRPADO, POROSO COMO CÁSCARA DE HUEVO,
transparenta la luz.
Incluso transparenta
los colores —verdes, amarillos—
de una habitación a oscuras.

Aprietas los ojos muy fuerte,
como niña al convocar
figura, estrellita, sus capilares sanguíneos,
ramalazos de la electricidad del cerebro,
obnubiladas niñas interiores,
así, los aprietas mucho
para que la luz no pase.

Sin embargo, la luz
traspasa la tela del párpado
y te descubre.

Aunque no quieras.

DISMINUYE EL VOLUMEN
del ruido de la muerte,
el acúfeno secreto
de las enfermedades,
bendice el placer
del capullito del clítoris,
del pistilo,
conviértete
en tu propia monitora
de mindfulness.

HAY MUJERES QUE, AL BAILAR,
al bailar sin levantarse del asiento,
en el leve mohín de la percepción del ritmo,
en la forma de contraer los labios y fruncir el
                              [ceño un pelín,
entrecerrando los párpados y adelantando un
                              [hombro,
mientras sienten la impregnación instantánea de
                              [la música,
en ese movimiento suavemente insinuado
como quien canturrea a solas,
en ese baile, detenido y profundo,
revelan
toda
su no perdida
juventud.

EL RITMO DEL POEMA
es un latido.
Pum pum.
Pum pum.
Todos los corazones,
más pronto que tarde,
se van a parar.

Llegará el fin
de cada soneto.
La definitiva extinción
de los estrambotes.

LAS POETAS YA NO BEBEN
hasta desmayarse
ni en cuclillas
se mean
sobre las alfombras
de un gran hotel.

Quedamos las ciervas,
de ojos pequeñitos
—blefaritis, falta de sueño profundo, quizá el
              [deseo de no despertar—,
las ciervas
que al entrar a un bar
y colocar las nalgas
en el taburete de todos los sábados
perciben la gastada irradiación
de su cuerpo joven.

Las ciervas no controlan
los dientes que podrían
matarlas de un mordisco.
Ni los ángulos muertos.

La habitación se hace grande
y se vuelve
contra todas nosotras.

El techo amenaza con un derrumbamiento.
Los filos desgarran.

El suelo es resbaladizo.
Hay enchufes
y hombres
culpables
por su omisión de ayuda.

Somos la cierva
sobre la que un cazador
más pronto que tarde
disparará.

MIRA LA MATRÍCULA DE TU COCHE,
el parabrisas,
después de un viaje
a ciento cuarenta kilómetros por hora.

Tú llevabas, delante del cristal de la esclerótica,
el cristal de las gafas del sol,
el cristal del parabrisas,
el cristal del aire en el día de más luz,
pero tal aparataje oftalmológico
no te ayudó a percibir
el desmembramiento de la mariposa
jugos incandescentes,
briznas sanguinolentas,
de insecto reventado.

Hay que ver la cantidad de vidas
que nos llevamos por delante.
Inadvertidamente.

CON MI AMIGA
recuerdo aquellas noches,
o quizá eran tardes de discoteca infantil
o salvajes descampados
o pubs de hombrecitos viejos,
aquellas noches
cuando nos comíamos el mundo
y nos dejábamos masticar
como caperucitas
muy, muy orgullosas.

Pensamos en todo lo que nos podría haber
[sucedido
en los salvajes descampados
y en los pubs de hombrecitos viejos.
El precio que pudimos pagar
por el descubrimiento de aquella libertad feroz.

Tampoco fuimos nunca conscientes
de nuestra inmensa hermosura.

No renunciaríamos ni a un solo peligro,
no renunciaríamos,
pero, abstraídas en el hielo al fondo del vaso,
en la corteza amarilla de nuestros limones,
nos pusimos a hablar de
la salud,
la hija,
la carne trémula.

Mi gata es ya muy vieja,
y tengo trato asiduo
con las personas ancianas.

Me encierro en una esfera
acristalada de otoño.

Anticipo en mi piel el dolor
de todas las consunciones.
Tengo un trato asiduo
con el acabamiento.

Y me guardo en mi esfera,
cerrada y circular,
dentro de la bola,
que retiene la nieve,
me ato al radiador y me atornillo al tabique,
como una mujer loba,
para no devorar carne de juventud
en las noches de luna,
o beber sangre de niños
menores
de cincuenta años.

Porque sé que la edad
contamina
y depreda.

Soy una mujer materialista
que celebra las reacciones exotérmicas,
y la luz del fuego artificial
y el fuego fatuo.

Las pastillas químicas para encender la
[barbacoa.
La linterna.
El magiclick.

Contribuiré al perfeccionamiento
de manuales anatómicos
porque he donado mi cuerpo y sus tendones
a la facultad de Medicina.

Confío en la educación, en las maestras,
y en las ciencias humanas y experimentales.
No me importará que cuatro aprendices
jueguen con mis escápulas y con mis
[escapularios.

Asumo la humorística distancia
entre la vida y la muerte.

Así que solo os pido
que no me inflijáis dolor
en el tránsito y umbral
de las enfermedades.

Alejad de mí las agujas
y las materias plásticas.

Cualquier roce será ensañamiento
contra células sensibles.
Contra mi piel de ala polilla
y pétalo de amapola.

HA DE PASAR MUCHO TIEMPO
hasta que el párpado descansa
apacible en el ojo
y, en su descanso o caída,
concede a la mirada
una dulzura única.

Mucho tiempo,
hasta que la piel se adelgaza hacia la
                              [transparencia.
Bajo la piel, como papel de calco,
la vena, la medusa y el hilo de azafrán.

Ha de pasar mucho tiempo
para que la piel se haga
tan tierna y vulnerable,
inaprensible,
como una fibra de luz.

Delicadeza del surco y sus retículas.
Nudillos sarmentosos de los que nace la uva.
Capilaridad y escamas
del mundo natural,
en un solo cuerpo por el que pasan los años.

Conchas multiformes
adheridas a corazón y costillas.
Barrocos corporales.

Te camino por la playa
con las yemas de mis dedos.

Para alcanzar esta belleza,
mineral y tan frágil,
hay que ser
una sobreviviente.

Un árbol.

Ha de pasar mucho tiempo
para alcanzar
esta exacta belleza,
esta vocación
lampiña del tacto,
el pubis pálido y el fin de los ángulos rectos,
esta inmensa belleza
que solo es así
en un punto,
exento y distante,
de la longevidad.

Inesperadamente,
o quizá a consecuencia del esforzadísimo deseo
                    [y la musculada voluntad
—un, dos, otra flexión—,
un día,
cada fragmento del cristal hecho añicos,
cada filo cortante,
la seguridad de que caerás de manos
contra los vidrios rotos
y todas las esquirlas azules
se te clavarán en las palmas
tiernas,
cada trozo en punta contra ti,
inesperadamente,
cada trozo
se levanta del suelo,
regresa
a su lugar en la pared,
marcha atrás, se recoloca
para recomponer
la imagen perfecta
del más
bellísimo
jardín.

TODOS LOS POEMAS ME SALEN AMARILLOS.
Les debo una humilde disculpa.
O quizá algo mucho más drástico:
les pido con desgarramiento
perdón,
perdón,
perdón.

ÍNDICE

Esta primera edición
en **La Bella Varsovia**
de **Amarilla**,
de **Marta Sanz**,
se terminó de imprimir
en Barcelona
el 15 de agosto de 2025.

¡Ojalá te haya interesado esta lectura!
Si ha sido así, te animamos a compartirla
en tus redes sociales.
Tenemos perfiles como @labellavarsovia
en Facebook, Instagram y X.
Y en nuestra web, labellavarsovia.com,
encontrarás información
sobre todos nuestros libros.